westermann

Diktate 2

Grundschrift

Erarbeitet von

Sabine Willmeroth

Illustriert von

Matthias Berghahn

Zeichenerklärung

- 1 Aufgabe aus dem Anforderungsbereich I
- 1 Aufgabe aus dem Anforderungsbereich II
- 1 Aufgabe aus dem Anforderungsbereich III

Arbeite im Lernteam.

Scanne den Code und schaue ein Erklärvideo.

Inhaltsverzeichnis

Inhaltsverzeichnis

Silbenkerne erkennen

Jede Silbe hat einen **Silbenkern**.
Das ist ein Vokal (Selbstlaut), ein Umlaut oder ein Zwielaut.

Vokale: a, e, i, o, u
Umlaute: ä, ö, ü
Zwielaute: au, eu, ei

1 Lies die Wörter. Setze Silbenbögen. Markiere die Vokale.

Apfel   Insel   Blume   dunkel   turnen   laufen

Flügel   hören   Käfer   Raupe   Euro   Stiefel

2 Schreibe die Wörter aus Aufgabe 1 nach dem Abc geordnet auf.

1. Apfel ______ 2. ______ 3. ______ 4. ______

5. ______ 6. ______ 7. ______ 8. ______

9. ______ 10. ______ 11. ______ 12. ______

3 Schreibe die Wörter. Setze Silbenbögen. Markiere die Vokale.

Steine ______

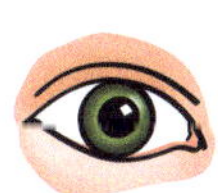
______

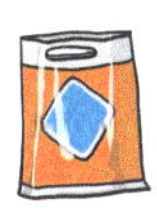
______

______

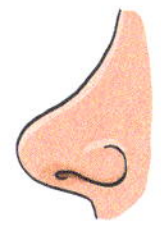
______

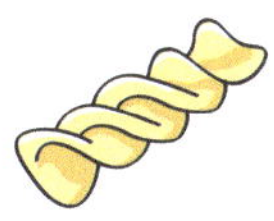
______

______

______

______

______

______

______

Offene und geschlossene Silben kennen

Endet die **erste Silbe** mit einem **Vokal**, ist diese Silbe **offen**.
Der **Vokal** in der offenen Silbe wird **lang** gesprochen.

Blu me

1 Lies die Wörter. Markiere den Vokal in der ersten Silbe.

Blu me	Ap fel	In sel	dun kel	tur nen	lau fen
Flü gel	hö ren	Kä fer	Rau pe	Eu ro	Spin ne

2 Schreibe die Wörter mit offener Silbe aus 1 auf.

Blume,

3 Kreise in den Wörtern aus Aufgabe 2 die offene, erste Silbe ein.

Endet die **erste Silbe** mit einem **Konsonanten** (Mitlaut),
ist diese Silbe **geschlossen**. Der **Vokal** in der geschlossenen Silbe
wird **kurz** gesprochen.

Ap fel

4 Schreibe die Wörter mit geschlossener Silbe aus Aufgabe 1 auf.

Apfel,

5 Kreise in den Wörtern aus Aufgabe 4 die geschlossene, erste Silbe ein.

1 Lies die Wörter. Setze Silbenbögen. Markiere **ie**.

Biene Briefe Riese Tiere Wiese Ziege

fliegen liegen fließen sieben spielen vier

2 Schreibe die Wörter. Markiere **ie**.

 Wiese ____________

 ____________

 ____________

 ____________

 ____________

 ____________

Bei Wörtern mit zwei Silben hört man das lange ie sehr gut.

3 Bilde die Mehrzahl. Setze Silbenbögen. Markiere **ie**.

eine Wiese viele Wiesen

ein Riese ____________

ein Brief ____________

eine Biene ____________

eine Ziege ____________

ein Tier ____________

4 Setze Wörter aus Aufgabe 1 passend ein.

Der  ____________ hat  ____________

 ____________.

 ____________ kleine  ____________

summen über die  ____________.

Wörter mit ie schreiben

1 Schreibe in der Er-Form. Markiere **ie**.

fliegen – er fliegt ______ liegen – ______ sieben – ______

spielen – ______ fließen – ______ lieben – ______

2 Schreibe die Sätze ab. Markiere **ie**.

Der Riese liebt Ziegen.

______

Vier Briefe liegen auf der Wiese.

______

Viele Bienen fliegen über vier Tiere.

______

Viele Tiere liegen mit Briefen auf der Wiese.

______

3 Finde die Reimwörter. Markiere **ie**.

fliegen	fließen	sieben	spielen
liegen	sch	sch	z
b	g	l	
s			

Kann man **ein** Reimwort richtig schreiben, kann man **alle** richtig schreiben.

Wörter mit langem ie und kurzem i schreiben

Ist die erste Silbe **offen**, schreibe ich meistens **ie**. Zie le

Ist die erste Silbe **geschlossen**, schreibe ich meistens **i**. Kis te

1 Lies die Wörter. Setze Silbenbögen.
Markiere den Vokal in der ersten Silbe.

schieben finden zielen Hilfe wiegen Kinder

sitzen singen Riese spielen Finger viele

2 Schreibe die Wörter aus Aufgabe 1 geordnet auf. Markiere.

offene Silbe – ie	geschlossene Silbe – i
schieben	finden

3 Setze ein: **ie** oder **i**? Achte auf die offene Silbe.

T___re s___ben B___lder b___nden W___se z___len

H___lfe s___tzen sch___ßen K___nder l___ben v___le

K___ste Br___fe s___ngen fl___gen F___nger Z___ge

V___le B___nen fl___gen ___n d___ W___se.

Wörter mit Qu/qu schreiben

Das **Qu/qu** spricht man **Kw/kw**.

Qualle **quatschen**

1 Lies die Wörter. Markiere **Qu/qu**.

Qualle Quelle Quark Qualm Quatsch Quadrat

quaken quieken quietschen quer quadratisch

2 Schreibe die Wörter aus Aufgabe 1 ab. Markiere **Qu/qu**.

Qualle,

3 Lies die Sätze. Markiere **Qu/qu**.

Der Quark quiekt Quatsch.

Die Qualle in der Quelle quietscht quadratisch.

Das Quadrat quakt quer durch den Qualm.

Hinter einem **Q** oder **q** steht immer ein **u**.

4 Schreibe die Sätze aus Aufgabe 3 ab. Markiere **Qu/qu**.

Wörter mit verstecktem e schreiben: -e

Das **-e** am **Ende des Wortes** hört man nicht deutlich.

Hase

1 Lies die Wörter. Setze Silbenbögen. Markiere **-e** am Wortende.

Blume	Biene	Dose	Raupe	Qualle	Flöte
Wolke	Nase	Steine	Spinne	Tiere	Briefe
Birne	Ziege	Wiese	Stifte	Quelle	Riese

2 Schreibe die Wörter. Markiere **-e** am Wortende.

 ______________________  ______________________

 ______________________  ______________________

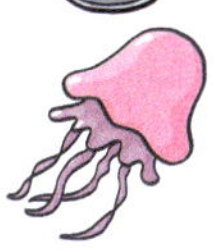 ______________________  ______________________

 ______________________ 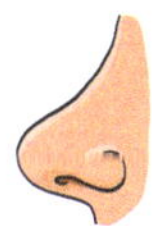 ______________________

 ______________________  ______________________

 ______________________  ______________________

 ______________________  ______________________

 ______________________  ______________________

 ______________________  ______________________

3 Kontrolliert und überarbeitet die Wörter aus Aufgabe 2 gemeinsam.

Wörter mit verstecktem e schreiben: -e

Bei Wörtern mit **-e** am Ende wird die Mehrzahl mit **-n** gebildet.

1 Bilde die Mehrzahl. Markiere **e**.

Einzahl	Mehrzahl	Einzahl	Mehrzahl
eine Blume	viele Blumen	eine Biene	
eine Dose		eine Raupe	
eine Qualle		eine Flöte	
eine Wolke		eine Nase	
eine Spinne		eine Birne	
eine Ziege		eine Wiese	
eine Quelle		eine Riese	

2 Lass dir Wörter mit **-e** am Wortende von einem Partnerkind diktieren.

3 Kontrolliert und überarbeitet die Wörter aus Aufgabe 2 gemeinsam.

4 Finde weitere Wörter mit **-e** am Wortende. Schreibe sie auf. Markiere **-e**.

Wörter mit verstecktem e schreiben: -el, -eln, -en

Das **e** in **-el**, **-eln** und **-en** am Wortende hört man nicht deutlich.

Vogel **schaukeln** **baden**

1 Lies die Wörter. Setze Silbenbögen. Markiere **-el**, **-eln**, **-en**.

Apfel	quaken	Flügel	Spiegel	schaukeln	Tafel
Zwiebel	finden	fliegen	würfeln	liegen	Vogel
Nudel	spiegeln	dunkel	quieken	Igel	Boden
Nebel	Pinsel	Gabel	spielen	Daumen	Insel

2 Schreibe die Wörter geordnet auf. Markiere **-el**, **-eln**, **-en**.

Wörter mit -en am Wortende

quaken,

Wörter mit -el am Wortende

Apfel,

Wörter mit -eln am Wortende

Wörter mit verstecktem e schreiben: -er

Das **e** in **-er** am Wortende hört man nicht deutlich.
Oft klingt das **-er** am Wortende wie **a**.

Eimer

1 Setze Silbenbögen. Markiere **-er** am Wortende.

Eimer	Finger	Käfer	Schwester	Futter
Zucker	Winter	Bruder	Leiter	Butter
Tochter	leider	lecker	Vater	Sommer

2 Unterstreiche in jedem Satz das Wort mit **-er** am Wortende.
Schreibe es mehrmals auf. Markiere **-er**.

Mein Finger blutet. Finger, Finger, Finger

Das ist mein Bruder. __________

Wir haben eine Tochter. __________

Im Winter ist es kalt. __________

Das ist lecker. __________

Ich kann leider nicht. __________

Ich habe eine Schwester. __________

Zucker ist süß. __________

Vater holt mich ab. __________

Magst du Butter? __________

Ich hole die Leiter. __________

Wo ist der Eimer? __________

Im Sommer sind Ferien. __________

Diktat 1: Wörter deutlich und in Silben sprechen

1 Lies die Texte auf Seite 16. Wähle einen Text aus und kreuze an.

◯ Text 1 ◯ Text 2 ◯ Text 3

2 Lass dir den Text diktieren.
Übe mit einem Partnerkind oder nutze den QR-Code.

3 Kontrolliere deinen Text mit der Vorlage auf Seite 16.
Notiere deine Fehlerwörter.

So zufrieden bin ich:

Diktat 1: Texte

Text 1
Im Garten
Bienen fliegen zu den Blumen.
An der Quelle ist ein Vogel.
Er hat eine Raupe.
Ich habe einen leckeren Apfel.
Wir gießen und singen.
Wir schaukeln und spielen.
Wir finden einen Igel auf der Wiese.

Text 2
Im Garten
Viele Bienen fliegen zu den bunten Blumen.
An der Quelle ist ein kleiner Vogel.
Er hat eine Raupe im Schnabel.
Ich habe einen leckeren Apfel und eine Birne.
Wir gießen das Gemüse und singen.
Wir schaukeln, spielen und machen Quatsch.
Wir finden einen braunen Igel auf der Wiese.

Text 3
Im Garten
Viele Bienen fliegen zu den Blumen auf der Wiese.
An der Quelle ist ein Vogel mit Raupen im Schnabel.
Die Zwiebeln liegen im Eimer und auf dem Boden.
Mein Bruder und meine Schwester holen eine Leiter.
Ein Käfer mit roten Flügeln fliegt auf meinen Finger.
Wir gießen, schaukeln, turnen, spielen und machen Quatsch.
Es ist dunkel und wir finden einen Igel auf der Wiese.

Du willst noch mehr üben?
Hier findest du weitere Diktattexte:

Nomen erkennen und großschreiben

Nomen (Namenwörter) werden großgeschrieben.
Sie haben oft einen **Artikel** (Begleiter).
der, **die**, **das**, **ein**, **eine** sind Artikel.

der Hund – ein Hund

1 Schreibe die Nomen mit Artikel auf. Schreibe sie groß.
Markiere den Anfangsbuchstaben.

 die Insel ____________________

 ____________________

 ____________________

 ____________________

 ____________________

 ____________________

 ____________________

 ____________________

2 Kreuze die Nomen an und schreibe sie auf. Schreibe sie groß und markiere.

○ lecker ☒ flügel ○ butter ○ tier

Flügel,

○ leiter ○ leider ○ qualm ○ bruder

○ nudel ○ quadrat ○ spiegel ○ fliegt

○ käfer ○ boden ○ liegt ○ fenster

Nomen erkennen und großschreiben

Viele **Nomen** gibt es in der **Einzahl** (Singular) und in der **Mehrzahl** (Plural).

ein Hund – viele Hunde

1 Schreibe die Nomen auf. Schreibe sie groß. Markiere den Anfangsbuchstaben.

 eine Qualle ______

 ______

 ______

 ______

 ______

 ______

 ______

 ______

 ______

 ______

2 Schreibe die Nomen in der Einzahl und Mehrzahl auf.
Markiere den Anfangsbuchstaben.

	Einzahl	Mehrzahl
	ein Brief	viele Briefe

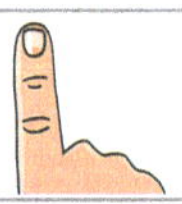		

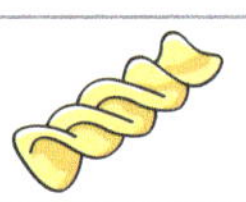		

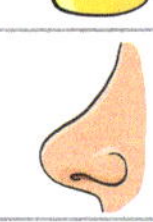		

Nomen mit Schiebewort großschreiben

Vor **Nomen** kannst du ein **Schiebewort** setzen.
Es wird **zwischen** Artikel und Nomen geschoben.

der kleine Hund

1 Unterstreiche das Schiebewort. Markiere das Nomen.

der kleine Vogel — der rote Apfel — die graue Spinne

das offene Fenster — die alte Tüte — die neue Flöte

2 Setze das Schiebewort zwischen Artikel und Nomen.

Achte auf die Großschreibung!

Die  ist lecker. die leckere Nudel

Die  ist spitz. ______________________

Der  ist lang. ______________________

Der  ist voll. ______________________

Die  ist pink. ______________________

Der  ist weiß. ______________________

Die  ist weich. ______________________

Die  ist hart. ______________________

Die  sind bunt. ______________________

3 Finde eigene Schiebewörter.

Die  sind ________. ______________________

Die  sind ________. ______________________

Die  sind ________. ______________________

Nomen mit Schiebewort großschreiben

1 Lies die Schiebewort-Treppen. Markiere die Nomen. Unterstreiche die Schiebewörter.

der Riese
der große Riese
der große, hungrige Riese
der große, hungrige, dicke Riese

die Murmel
die bunte Murmel
die bunte, gläserne Murmel
die bunte, gläserne, runde Murmel

das Boot
das kleine Boot
das kleine, wackelige Boot
das kleine. wackelige, alte Boot

2 Ergänze immer ein Nomen in den Schiebewort-Treppen.

das ______
das kleine ______
das kleine, schnelle ______
das kleine, schnelle, neue ______

die ______
die alte ______
die alte, nette ______
die alte, nette, lustige ______

der ______
der graue ______
der graue, schwere ______
der graue, schwere, harte ______

Satzanfänge großschreiben

Das **erste Wort** im Satz ist der **Satzanfang**.
Der Satzanfang wird immer **großgeschrieben**.

Der Hund bellt am Zaun.

1 Lies die Sätze. Markiere die Satzanfänge.

Unser Vater kocht heute Nudeln mit Soße.
Oma macht Tomatensalat dazu.
Die Tomaten sind aus dem Garten.
Ich decke den Tisch in der Küche.
Meine Schwester will nicht helfen.
Opa schaut in Papas Töpfe.
Unsere Mutter kommt spät nach Hause.

2 Setze die Satzanfänge ein. Schreibe sie groß.

nach	Nach	dem Essen möchte keiner abwaschen.
oma	______	möchte lieber lesen.
unsere	______	Mutter ist zu müde.
mein	______	Vater hat das Essen gekocht.
ich	______	habe den Tisch gedeckt.
opa	______	hat nur in die Töpfe geschaut.
meine	______	Schwester wollte nicht helfen.
also	______	müssen Opa und meine Schwester spülen.

3 Markiere die Satzanfänge in Aufgabe 2.

Satzanfänge großschreiben: Aussagesatz

Jeder **Satz endet** mit einem Satzschlusszeichen.
Ein **Aussagesatz** endet mit einem **Punkt**.

Die Katze schnurrt laut.

1 Lies die Sätze. Markiere die Satzanfänge und die Punkte.

Mein Opa baut im Garten einen Stall.
Er sagt uns nichts.
Wir wollen wissen, wer dort wohnen soll.

2 Schreibe die Sätze richtig auf. Setze Punkte.
Schreibe die Satzanfänge groß und markiere.

aber Opa lacht nur

Aber Opa lacht nur.

wir fragen unsere Oma

sie holt einen Wassernapf

wir sollen Löwenzahn pflücken

wir überlegen und raten

Satzanfänge großschreiben: Fragesatz

Jeder **Satz endet** mit einem Satzschlusszeichen.
Ein **Fragesatz** endet mit einem **Fragezeichen**.

Warum bellt der Hund?

1 Lies die Sätze. Markiere die Satzanfänge und die Fragezeichen.

Ist der Stall für ein Haustier?

Bekommen wir ein Meerschweinchen?

Wer frisst gerne Löwenzahn?

2 Schreibe Sätze richtig auf.
Setze Fragezeichen und schreibe die Satzanfänge groß.

wo ist das Tier

Wo ist das Tier?

ist es irgendwo versteckt

bringt Papa es heute Abend mit

3 Überarbeite die Satzanfänge und Satzschlusszeichen im Text.

unser Papa kommt und hat zwei süße Kaninchen

wir bekommen jeder ein eigenes Tier

wie sollen wir die beiden nennen

meine Schwester und ich überlegen Namen

mein Kaninchen soll Floppi heißen

Satzanfänge großschreiben: Ausruf und Aufforderung

Jeder **Satz endet** mit einem Satzschlusszeichen.
Der **Ausruf** und die **Aufforderung** enden mit einem **Ausrufezeichen**.

Super! Oh, nein! Komm mit! Pass auf!

1 Lies die Sätze. Markiere die Satzanfänge und die Ausrufezeichen.

Juhu, wir haben Haustiere!

Los! Überlege dir einen Namen!

Hurra, ich habe einen Namen!

Eine **Aufforderung** erkennt man daran, dass jemand etwas tun soll.

2 Schreibe Sätze richtig auf.
Setze Ausrufezeichen und schreibe die Satzanfänge groß.

macht den Stall bitte sauber

Macht

halt mal bitte Floppi fest

aua, Floppi hat mich gekratzt

3 Überarbeite die Satzanfänge und Satzschlusszeichen im Text.

Z
zuerst tauschen wir das Stroh aus .

nimm bitte mal den Wassernapf

wo sind die Möhren und das Heu

jetzt fühlen sich die Kaninchen wohl

wie schön

Diktat 2: Nomen und Satzanfänge großschreiben

1 Lies die Texte auf Seite 26. Wähle einen Text aus und kreuze an.

◯ Text 1 ◯ Text 2 ◯ Text 3

2 Lass dir den Text diktieren.
Übe mit einem Partnerkind oder nutze den QR-Code.

3 Kontrolliere deinen Text mit der Vorlage auf Seite 26.
Notiere deine Fehlerwörter.

So zufrieden bin ich:

Diktat 2: Texte

Text 1
Omas Kater
Unsere Oma hat einen Kater.
Er liegt gern auf dem Sofa.
Wenn es dunkel ist, möchte er raus.
Er miaut laut vor der Tür.
Oma macht die Tür auf.
Am Morgen hat der Kater eine tote Maus.

Text 2
Der neue Stall
Mein Opa baut im Garten einen Stall.
Wir wollen wissen, für wen Opa baut.
Er sagt uns aber nichts.
Opa lacht nur.
Wir fragen Oma.
Sie holt Gemüse und altes Brot.
Wir raten.
Ist es ein Hase? Ist es ein Hamster?
Papa hat zwei Kaninchen.

Text 3
Opas Kater
Unser Opa hat einen alten schwarzen Kater.
Der schläft gern auf dem Sofa.
Wenn es dunkel ist, will der Kater nach draußen.
Er steht dann vor der Tür und miaut laut.
Opa macht ihm die Tür auf.
Sofort läuft der Kater los.
Nachts besucht er seine Katzenfreunde.
Am Morgen bringt er Opa eine tote Maus mit.

Du willst noch mehr üben?
Hier findest du weitere Diktattexte:

Nomen mit d/t am Ende schreiben

Bei **Nomen**, die mit **-d** oder **-t enden**, hört man immer ein **t**.
Man muss **verlängern**, um das Wortende genau zu hören.
Bei **Nomen** bildet man dafür die Mehrzahl.

viele Brote – ein Brot, viele Hunde – ein Hund

1 Lies die Nomen. Markiere **-d** am Wortende.

Bad	Bild	Feld	Freund	Geld	Hand
Hemd	Hund	Kind	Kleid	Lied	Mund
Pferd	Rad	Sand	Wald	Wind	

Wenn man ein Wort **verlängert**, hört man, ob das Wort mit **-d** oder **-t** endet.

2 Bilde die Mehrzahl der Nomen. Schreibe die Einzahl. Markiere **d**.

	Mehrzahl	Einzahl
	viele Bilder	ein Bild

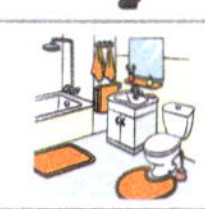	viele Bäder	
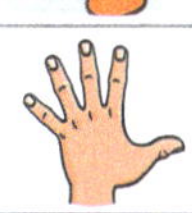	viele Hände	
	viele Räder	
	viele Wälder	

Hier wird aus **a** in der Mehrzahl **ä**!

Nomen mit d/t am Ende schreiben

2 Entscheide: **-d** oder **-t**?
Untersuche die Nomen. Streiche durch und schreibe.

Sala ~~d~~/t	viele Salate, ein Salat
Freun d/t	
Klei d/t	
Hu d/t	
Bro d/t	
Mon d/t	
Lie d/t	
Stif d/t	
Her d/t	
Hef d/t	
Mun d/t	viele Münder,
Bar d/t	viele Bär
As d/t	viele Äs

3 Entscheide: **-d** oder **-t**? Schreibe die Nomen richtig auf.

Gel● ____________ Ban● ____________

Hef● ____________ Her● ____________

Gesich● ____________ Mona● ____________

Aben● ____________ San● ____________

Nomen mit g/k am Ende schreiben

Bei **Nomen**, die mit **-g** oder **-k enden**, hört man immer ein **k**.
Man muss **verlängern**, um das Wortende genau zu hören.
Bei **Nomen** bildet man dafür die Mehrzahl.

viele Berge – ein Berg, viele Geschenke – ein Geschenk

1 Lies die Nomen. Markiere **g** am Wortende.

Berg Burg König Tag Weg Zug
Ring Übung Zwerg Montag Dienstag
Donnerstag Freitag Samstag Sonntag

Wenn man ein Wort **verlängert**, hört man, ob das Wort mit **-g** oder **-k** endet.

2 Schreibe die Nomen in der Mehrzahl und Einzahl auf. Markiere **-g** am Wortende.

	Mehrzahl	Einzahl
	viele Tage	ein Tag

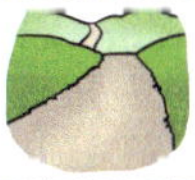		

3 Schreibe die Wochentage in der richtigen Reihenfolge auf.

Nomen mit g/k am Ende schreiben

1 Entscheide: **-g** oder **-k**?
Untersuche die Nomen. Streiche durch und schreibe.

Gescheng/k	viele Geschenke, ein Geschenk
Schrang/k	
Geleng/k	
Werg/k	
Übung/k	
Getränng/k	
Bang/k	viele Bänke,

2 Entscheide: **-g** oder **-k**? Setze ein.

Zü___e Schrän___e Übun___en Flü___e Ber___e Zwei___e

Köni___e Geschen___e Bän___e Ta___e Rin___e Bur___en

We___e Monta___e Fahrzeu___e Geträn___e Zwer___e

3 Entscheide: **-g** oder **-k**? Schreibe die Nomen richtig auf.

Sar● ______________ We● ______________

Tran● ______________ Erfol● ______________

Katalo● ______________ Kru● ______________

Schla● ______________ Anzu● ______________

Nomen mit b/p am Ende schreiben

Bei Nomen, die mit **-b** oder **-p enden**, hört man immer ein **p**.
Man muss **verlängern**, um das Wortende genau zu hören.
Bei **Nomen** bildet man dafür die Mehrzahl.

die Diebe – ein Dieb, die Mikroskope – ein Mikroskop

1 Lies die Nomen mit Silbenbögen. Markiere **b** am Ende.

Dieb Korb Stab Sieb Urlaub

2 Schreibe die Nomen in der Mehrzahl und in der Einzahl auf.
Markiere **-b** am Wortende.

viele Diebe, ein Dieb

viele ______________________

viele ______________________

viele ______________________

Wenn man ein Wort **verlängert**, hört man, ob das Wort mit **-b** oder **-p** endet.

3 Entscheide: **-b** oder **-p**? Untersuche die Nomen. Streiche durch und schreibe.

Urlau p/b ______________________

Kal p/b ______________________

Mikrosko p/b ______________________

4 Entscheide: **-b** oder **-p**? Setze ein.

Kör__e Stä__e Mikrosko__e Sie__e

Die__e Urlau__e Käl__er

Im Urlau___ klaut der Die___ ein Kal___, einen Sta___ und ein Sie___.

Nomen mit d/t, g/k, b/p am Ende schreiben

1 Lies die Sätze. Markiere die Wörter mit **-d**, **-b** oder **-g** am Wortende.

Der Dieb macht einen Tag Urlaub und fährt mit dem Zug.
Auf der Burg trägt der König einen teuren Ring.
Der Hund hat einen Zweig im Mund und rennt auf seinem Weg.
Ein Zwerg hat Sand in einem Sieb und siebt Gold heraus.
Ein Pferd und ein Hund traben fröhlich durch den Sand.
Im Wald findet das Kind ein Kleid und ein Bild.

2 Achtung Fehler! Schreibe das Wort mehrmals richtig auf.

Am Montak habe ich frei. Montag, Montag, Montag

Das ist mein Hunt. ______

Wir haben ein Kalp. ______

Im Zuk war es kalt. ______

Der Sant ist warm. ______

Der Wint ist stark. ______

Das Kleit ist schmutzig. ______

Ich habe kein Gelt. ______

Wo ist dein Freunt? ______

Der Mont ist rund. ______

Ich habe ein Pfert. ______

Das ist ein Zauberstap. ______

Der Korp ist kaputt. ______

Ein Zwerk ist oft klein. ______

Das Siep ist neu. ______

Adjektive mit d, g, b am Ende schreiben

1 Lies die Adjektive. Markiere **-d**, **-b**, **-g** am Wortende.

blöd rund fremd blind wild blond gesund wund

gelb lieb taub halb

klug lang arg billig schräg

2 Ergänze passende Adjektive aus Aufgabe 1 als Schiebewort vor den Nomen.

Der ________________ Hund bellt laut.

Cedrik übt eine ________________ Sprache.

Oma liebt ________________ Blumen.

Ich streichele die ________________ Katze.

Das ________________ Seil hängt am Baum.

Der ________________ Ball gehört dem ________________ Mädchen.

Mein ________________ Freund rechnet die Aufgabe.

Ich gebe dem ________________ Pferd einen ________________ Apfel.

Meine ________________ Haut tut weh, ich habe mich gekratzt.

Unsere ________________ Nachbarin kommt zu Besuch.

Mama hängt das ________________ Bild wieder gerade.

Die ________________ Stunde nach dem Abendessen mag ist sehr gern.

Ein Held hilft den Menschen aus ________________ Not.

Mein Bruder zeichnet viele ________________ Kreise auf ein Blatt Papier.

Über den ________________ Witz muss ich sehr lachen.

Adjektive mit d, g, b am Ende schreiben

1 Verlängere die Adjektive. Markiere.

	wild	der wilde Hund
	gesund	das
	trüb	
	gelb	
	fremd	
	blöd	
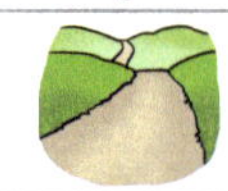	lang	
	rund	
	taub	
	halb	
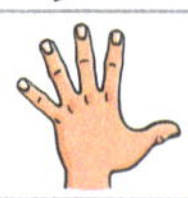	wund	

2 Lass dir Wörter aus diesem Kapitel von einem anderen Kind diktieren.

3 Kontrolliert gemeinsam.

Diktat 3: Wörter verlängern

1 Lies die Texte auf Seite 36. Wähle einen Text aus und kreuze an.

◯ Text 1 ◯ Text 2 ◯ Text 3

2 Lass dir den Text diktieren.
Übe mit einem Partnerkind oder nutze den QR-Code.

3 Kontrolliere deinen Text mit der Vorlage auf Seite 36.
Notiere deine Fehlerwörter.

So zufrieden bin ich:

Diktat 3: Texte

Text 1
Der goldene Ring
Der König sucht seinen Ring.
Der Ring ist aus Gold.
Die Steine sind rund, gelb, grün und blau.
Er schaut in jeden Schrank auf der Burg.
Dort findet er ein Kleid und sein Geld.
Hat ein Dieb den Ring geklaut?

Text 2
Der goldene Ring
Der König sucht seinen Ring.
Der Ring ist aus Gold.
Die Steine sind rund, gelb, grün und blau.
Er schaut in jeden Schrank auf der Burg.
Dort findet er ein Kleid und sein Geld.
Hat ein Dieb den Ring geklaut?
Das wäre richtig blöd.
Der König geht in den Park.
Auf dem Weg im Sand findet er seinen Ring.

Text 3
Der goldene Ring
Der König sucht den ganzen Tag seinen Ring.
Der Ring ist aus Gold und war ein Geschenk.
Die Steine sind rund, gelb, grün und blau.
Er schaut in jeden Schrank und jeden Korb auf der Burg.
Dort findet er ein Kleid, einen Zwerg aus Ton und sein Geld.
Hat ein Dieb den Ring geklaut?
Das wäre arg blöd.
Der König ist traurig und geht in den Park.
Der Hund läuft mit und sucht wie wild.
Auf dem Weg im Sand findet der Hund den Ring.

Du willst noch mehr üben?
Hier findest du weitere Diktattexte:

Nomen mit doppelten Konsonanten schreiben

In Wörtern mit doppelten **Konsonanten** (Mitlauten) wird der **Vokal** in der ersten Silbe **kurz** gesprochen. Die erste Silbe ist **geschlossen**.

Wasser Sonne Treppe

1 Lies die Nomen. Setze Silbenbögen. Markiere die doppelten Konsonanten.

Affe	Butter	Donner	Ebbe	Füller
Hammer	Himmel	Kissen	Klasse	Mutter
Suppe	Pommes	Puppe	Stoffe	Sommer
Sonne	Teddy	Wasser	Wetter	Zimmer

2 Schreibe die Nomen geordnet auf.

Nomen mit bb

Nomen mit dd

Nomen mit ff — Affe

Nomen mit ll

Nomen mit mm

Nomen mit nn

Nomen mit pp

Nomen mit ss

Nomen mit tt

Nomen mit doppelten Konsonanten schreiben

1 Finde die Reimwörter. Markiere.

Ball	Butter	Puppe	Tanne
F_________	M_________	S_________	K_________
St_________	F_________	Sch_________	W_________
Kn_________	K_________	Gr_________	Pf_________

Kann man **ein** Reimwort richtig schreiben, kann man **alle** richtig schreiben.

2 Schreibe die Mehrzahl.
Markiere die doppelten Konsonanten.

	Einzahl	Mehrzahl
	ein Blatt	viele Blätter
		viele Bälle

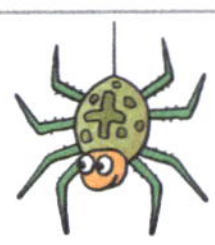		
		viele Kämme

		viele Lämmer
		viele Küsse
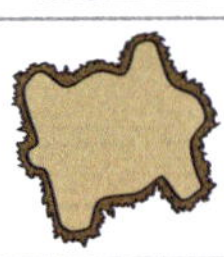		

Wörter mit doppelten Konsonanten schreiben

1 Lies die Wörter. Markiere die doppelten Konsonanten.

bitten essen fallen füllen kennen kommen
können müssen rennen rollen stellen wollen
hell nett still toll schnell voll

2 Schreibe in verschiedenen Formen. Markiere.

bitten wir bitten, ich bitte, er bittet

füllen ______

kennen ______

kommen ______

rennen ______

rollen ______

stellen ______

3 Schreibe in verschiedenen Formen. Markiere.

essen wir essen, ich esse, er isst

fallen ______

können ______

müssen ______

wollen ______

Achtung: unregelmäßige Formen!

Wörter mit doppelten Konsonanten schreiben

1 Schreibe die Adjektive. Setze Silbenbögen.
Markiere die doppelten Konsonanten.

	hell	die helle Sonne
	nett	die
	still	das
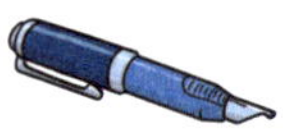	toll	der
	schnell	das
	voll	die

2 Ergänze das Verb in der richtigen Form.
Markiere die doppelten Konsonanten.

rennen	Moritz rennt schnell zum Ball.
rollen	Die tollen Murmeln weg.
kennen	Die nette Mutter uns gut.
wollen	Wir mit dem Teddy spielen.
kommen	Er schnell ins Zimmer.
bitten	Ich um ein volles Glas Wasser.
wissen	Wir nicht mehr, was wir mitbringen sollen.
fallen	Plötzlich alle Fahrräder um.
sollen	Milena ihr Zimmer aufräumen.

Wörter mit ck schreiben

Man **hört kk** und **schreibt ck**. Der **Vokal** vor ck ist **kurz**.

Wecker, backen

1 Lies die Wörter. Markiere **ck**.

Hecke   Jacke   Rock   Rücken   Schnecke   Decke   lecker
Socke   Zucker   backen   schmecken   packen   schicken

2 Schreibe die Wörter. Markiere **ck**.

 Schnecke

 ____________________

 ____________________

 ____________________

____

 ____________________

 ____________________

 ____________________

3 Finde die Reimwörter. Markiere **ck**.

Hecke	Rücken	Jacke	Socke
D________	Br________	H________	Fl________
Z________	M________	Z________	L________

Kann man **ein** Reimwort richtig schreiben, kann man **alle** richtig schreiben.

4 Schreibe in verschiedenen Formen. Markiere **ck**.

backen ich backe, du backst, er ____________________

schmecken ich ____________________

packen ____________________

schicken ____________________

Wörter mit ck schreiben

1 Finde die Reimwörter. Markiere **ck**.

backen	schmecken	schicken
packen	w	p
kn	l	bl

Kann man **ein** Reimwort richtig schreiben, kann man **alle** richtig schreiben.

2 Schreibe die Sätze.

Mama backt  mit 

.

Ich ziehe die  und den  an.

Die  kriecht unter die  .

Mir juckt der Arm wegen der 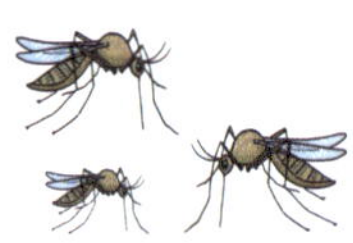 .

Ich habe einen neuen  bekommen.

Oma schickt mir eine neue  .

Ich verstecke den  unter dem  .

Wörter mit tz schreiben

Man **hört zz** und **schreibt tz**. Der **Vokal** vor tz ist **kurz**.

Katze, witzig

1 Lies die Wörter. Markiere **tz**.

Katze Mütze Schatz Satz

Spitze Platz putzen sitzen

2 Schreibe die Nomen. Markiere **tz**.

 Spielplatz

 ______

 ______

 ______

 ______

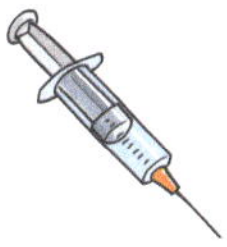 ______

3 Finde die Reimwörter. Markiere **tz**.

Spitze	Katze	Satz	Mütze
Hitze	T	Sch	Pf
Bl	Fr	Pl	
W			

4 Schreibe in verschiedenen Formen. Markiere **tz**.

putzen wir putzen, ich putze, er ______

sitzen wir ______

platzen ______

Wörter mit tz schreiben

1 Finde die Reimwörter. Markiere **tz**.

putzen	spritzen	kratzen	setzen
n_________	fl_________	pl_________	p_________
schützen	motzen	sitzen	
n_________	tr_________	schw_________	

Kann man **ein** Reimwort richtig schreiben, kann man **alle** richtig schreiben.

2 Schreibe in der Du-Form. Markiere **tz**.

putzen	du	putzt	spritzen	du	spritzt
kratzen	du	_________	setzen	du	_________
schützen	du	_________	motzen	du	_________
sitzen	du	_________	flitzen	du	_________
platzen	du	_________	schwitzen	du	_________
nützen	du	_________	nutzen	du	_________
petzen	du	_________	trotzen	du	_________
hetzen	du	_________			
blitzen	du	_________			
glotzen	du	_________			

Achte auf das **t** am Wortende.

3 **tz** oder **z**? Setze ein.

Die Ka____e Murmel kra____t sich mit der Ta____e am Schwan____.

Ich springe mit einem Sa____ in die Pfü____e und spri____e.

In der Hi____e se____en wir keine Kapu____e auf. Wir schwi____en.

Diktat 4: Wörter mit doppelten Konsonanten, ck, tz schreiben

1 Lies die Texte auf Seite 46. Wähle einen Text aus und kreuze an.

◯ Text 1 ◯ Text 2 ◯ Text 3

2 Lass dir den Text diktieren.
Übe mit einem Partnerkind oder nutze den QR-Code.

3 Kontrolliere deinen Text mit der Vorlage auf Seite 46.
Notiere deine Fehlerwörter.

So zufrieden bin ich:

Text 1
Nach der Schule
Wir wollen Suppe essen.
Ich renne und hole Teller und Löffel.
Mama füllt die Suppe auf.
Lina soll essen und dann ins Bett.
Sie hat die Puppe und den Teddy.
Papa stellt den Wecker.
Lina meckert über das Kissen.
Sie bittet um ein Glas Wasser.

Text 2
Im Sommer
Die Sonne scheint im Sommer hell vom Himmel.
Alle schwitzen und motzen über das Wetter.
Wir wollen ins Wasser und schwimmen.
Wir spritzen uns nass. Ich zucke zusammen.
Das Wasser ist kalt an meinem nackten Rücken.
Wir schwimmen, bis wir nicht mehr können.
Mama sitzt auf der Decke und sonnt sich.
Wir rennen und fallen auf die Decke.
Mama packt leckere Waffeln aus.

Text 3
Im Keller
Wir wollen den Keller aufräumen. Alle müssen helfen.
Meine Schwester setzt sich in die Ecke und motzt über die Spinnen.
Papa stellt alle alten Sachen an den Müll.
Wir finden einen platten Ball, eine Schüssel, alte Bretter,
einen Teddy und eine nackte Puppe. Mama findet Decken,
Jacken, Stoff, ein Fell und einen Sessel mit Kissen.
Wir putzen und flitzen und schwitzen.
In einer Ecke finde ich Schätze. Da ist ein kleiner Koffer mit Schlüssel.
Darin finde ich Wolle und spitze Nadeln. Damit kann man Socken stricken.

Du willst noch mehr üben?
Hier findest du weitere Diktattexte:

Wortstamm von Verben erkennen

Alle **Verben** haben eine **Grundform**. Sie endet meistens auf **en**.
en ist ein **Wortbaustein**.
Der Wortteil, der bei den Verben häufig gleichbleibt, heißt **Wortstamm**.
Der **Wortstamm** ist der wichtigste **Wortbaustein**.

malen, hören

1 Lies die Verben. Markiere den Wortstamm.

baden schauen bauen schenken machen bleiben kaufen
bringen danken fangen sparen finden schreiben
pflanzen fragen scheinen freuen geben haben warten
halten schlafen holen springen trinken hören
denken kleben reisen kochen rufen lesen malen
pflegen rechnen reden singen lernen sagen schlagen
schneiden suchen tragen waschen zeigen

2 Schreibe Verben aus Aufgabe 1 geordnet auf. Markiere den Wortstamm.

Verben mit b	baden,
Verben mit l	
Verben mit h	
Verben mit k	
Verben mit f	
Verben mit r	
Verben mit w	
Verben mit t	

Personalformen von Verben schreiben

Verben verändern ihre Form, je nachdem welche Person etwas tut.
Das nennt man **Personalformen**.

ich male, du malst, er/sie/es malt,
wir malen, ihr malt, sie malen

e, st, t, en sind **Wortbausteine.**

1 Lies die Verben. Markiere den Wortstamm.

ich	höre	lerne	baue	rufe
du	hörst	lernst	baust	rufst
er/sie/es	hört	lernt	baut	ruft
wir	hören	lernen	bauen	rufen
ihr	hört	lernt	baut	ruft
sie	hören	lernen	bauen	rufen

2 Fülle die Tabelle aus. Markiere den Wortstamm.

ich	denke	hole	sage
du			
er/sie/es			
wir			
ihr			
sie			

Personalformen von Verben schreiben

1 Fülle die Tabelle aus. Markiere den Wortstamm.

ich	klebe	schenke	singe
du			
er/sie/es			
wir			
ihr			
sie			

2 Fülle die Tabelle aus. Markiere den Wortstamm.

ich	springe	koche	zeige
du			
er/sie/es			
wir			
ihr			
sie			

3 Ergänze die fehlenden Personalformen.

ich		
du	antwortest	
er/sie/es		arbeitet
wir		

1 Fülle die Tabelle aus. Markiere den Wortstamm.

ich	male	bleibe	danke
du			
er/sie/es			
wir			
ihr			
sie			

ich	suche	sage	schreibe
du			
er/sie/es			
wir			
ihr			
sie			

2 Fülle die Tabelle aus. Markiere den Wortstamm.

ich	teile		
er/sie/es			
wir		gehen	
sie			wünschen

Wortbausteine bei Verben verwenden

Vorangestellte Wortbausteine verändern die Bedeutung von Verben.
an, ab, aus → anmalen, abmalen, ausmalen

1 Lies die Verben und kreise die vorangestellten Wortbausteine ein.

anmalen wegschneiden aufkleben mitarbeiten vorkochen
verschreiben vorsingen beantworten austrinken abholen
mitdenken ablesen zuschauen verschlafen nachgeben

2 Bilde mit den Wortbausteinen Verben. Kreise die vorangestellten Wortbausteine ein.

schneiden

ab abschneiden

aus ______

durch ______

ein ______

zer ______

bauen

ab abbauen

aus ______

auf ______

ein ______

um ______

Wortbausteine bei Verben verwenden

1 Bilde Verben. Schreibe sie auf und markiere.

an ab aus auf ver zu nach mit über	+	geben

angeben,

an ab auf ver nach mit über	+	schreiben

ab ver nach mit vor über durch	+	lesen

2 Setze passende Wortbausteine ein.

ein weg aus ab mit vor ver

Am Wochenende möchte Leni ______schlafen.

Oma und Opa wollen ______fahren. Lukas soll in der Deutscharbeit nicht ______schreiben. Nils muss bei der Hausarbeit ______helfen.

Eren kann heute das Gedicht ______tragen.

Lilo will einen Sticker in ihr Heft ______kleben.

Jens hat ein anderes Ergebnis, er hat sich ______rechnet.

Wortbausteine bei Verben verwenden

Einige Wortbausteine trennen sich im Satz vom Verb.

mithelfen: Nils hilft im Haushalt mit.

1 Bilde die Personalform und schreibe auf.

abmalen	Inga ______________ eine Blume ________.
austrinken	Ich ______________ den Saft ________.
abfragen	Frau Milz ______________ Vokabeln ________.
vorkochen	Papa ______________ für Dienstag ________.
abkleben	Der Maler ______________ die Fenster ________.
aufschreien	Niko ______________ plötzlich laut ________.
aussuchen	Wir ______________ uns etwas ________.
nachdenken	Opa ______________ in Ruhe ________.
mitgeben	Ich ______________ meinem Freund ein Foto ________.
zusagen	Herr Berg ______________ meinem Vater ________.
nachrufen	Kim ______________ mir ein Schimpfwort ________.
zuhören	Du ______________ mir genau ________.
anmachen	Wir ______________ den Fernseher ________.
nachrechnen	Mama ______________ meine Hausaufgaben ________.
weggeben	Wir ______________ alte Kleidung ________.
abschreiben	Paula ______________ einen Text ________.

Wortbausteine bei Nomen verwenden

Vorangestellte Wortbausteine können die Bedeutung von Nomen verändern.

Abfahrt, **Aus**fahrt, **Ein**fahrt

1 Lies die Nomen und kreise die vorangestellten Wortbausteine ein.

Abfall Vorfall Einfall Überfall Wegfall Durchfall Ausfall

2 Bilde mit den Wortbausteinen Nomen. Schreibe sie auf.

an ab aus auf nach vor über + Bau

Anbau,

an ab aus auf mit vor über + Fahrt

Anfahrt,

an ab auf mit vor über + Schrift

Anschrift,

Diktat 5: Wörter mit Wortbausteinen schreiben

1 Lies die Texte auf Seite 56. Wähle einen Text aus und kreuze an.

◯ Text 1 ◯ Text 2 ◯ Text 3

2 Lass dir den Text diktieren.
Übe mit einem Partnerkind oder nutze den QR-Code.

3 Kontrolliere deinen Text mit der Vorlage auf Seite 56.
Notiere deine Fehlerwörter.

So zufrieden bin ich:

Diktat 5: Texte

Text 1
In der Pause
Lisa und Simon spielen in der Pause.
Sie springen Seil und fangen sich.
Elsa möchte mitmachen und fragt.
Lisa und Simon reden leise.
Sie lassen Elsa mitspielen.
Elsa freut sich und macht mit.
Gemeinsam macht es noch mehr Freude.

Text 2
Gemeinsam kochen
Mama arbeitet und bleibt heute lange im Büro.
Opa kocht darum für die ganze Familie.
Papa bringt den Einkauf mit.
Niklas schneidet die Zutaten klein.
Elsa bereitet den Salat vor.
Oma hat einen guten Einfall und lacht.
Zum Nachtisch gibt es für alle Eis.

Text 3
In der Schule
In der Schule schreiben, rechnen, lesen und singen wir.
Heute haben wir Kunst und basteln Blumen an Stäben.
Wir malen Blumen ab, schneiden sie aus
und kleben sie zu zweit an ein Holzstäbchen.
Nils malt die Blumen nicht sauber aus.
Er schneidet sie auch nicht so gut aus.
Er sucht seinen Kleber und findet ihn nicht.
Nils soll alles neu machen.
Er ist böse und zerschneidet seine Blumen in kleine Stücke.

Du willst noch mehr üben?
Hier findest du weitere Diktattexte:

Nomen mit Umlauten schreiben: Mehrzahl mit ö, ü

Einige Nomen verändern sich in der Mehrzahl:

o wird ö: eine Tochter – viele Töchter

u wird ü: ein Bruder – viele Brüder

1 Lies die Nomen. Markiere **ö** und **ü**.

Körbe Köpfe Mütter Löcher Brüder Vögel Kühe
Knöpfe Köche Bücher Büsche Töpfe Öfen
Füße Züge Wölfe Früchte Röcke Stühle Hüte

2 Schreibe 11 Nomen aus Aufgabe 1 in der Einzahl und Mehrzahl auf.
Markiere **ö** und **ü**.

Mehrzahl	Einzahl
viele Körbe	ein Korb

Nomen mit Umlauten schreiben: Mehrzahl mit ö, ü

1 Verändere die Sätze und schreibe auf.

An meiner Jacke fehlt ein Knopf.

An meiner Jacke fehlen viele Knöpfe.

Auf der Weide steht eine Kuh.

___

Mein Fuß ist nass.

___

Mein Strumpf hat ein Loch.

___

Stell bitte den Stuhl hoch!

___

Im Busch sitzt ein kleiner Vogel.

___

Heute fällt wieder ein Zug aus.

___

Ich habe ein Buch im Regal.

___

2 Schreibe weitere Nomen mit **ö** oder **ü** in der Mehrzahl auf.

___

___

Nomen kennenlernen: Mehrzahl mit ä

Einige Nomen verändern sich in der Mehrzahl.
a wird ä: eine Hand – viele Hände

1 Lies die Nomen. Setze Silbenbögen. Markiere **ä**.

Bäder	Äpfel	Hände	Länder	Gärten	Wälder
Bänke	Blätter	Dächer	Gräser	Hälse	Männer
Nächte	Plätze	Räder	Väter	Fächer	Bälle

2 Schreibe 12 Nomen aus Aufgabe 1 in der Einzahl und Mehrzahl auf. Markiere **ä**.

Mehrzahl	Einzahl
viele Bäder	ein Bad

Nomen kennenlernen: Mehrzahl mit ä

1 Verändere die Sätze und schreibe auf.

Ein Blatt liegt auf dem Boden.

Viele Blätter liegen

Ein Rad am Auto ist kaputt.

Ich fürchte mich in der dunklen Nacht.

Ich streiche die Wand in meinem Zimmer blau.

Meine Hand tut mir weh.

In einem Garten wachsen viele Blumen.

Im Park wird die Bank neu gestrichen.

Ein Ball muss ersetzt werden.

2 Schreibe weitere Nomen mit **ä** in der Mehrzahl auf.

Verkleinerungsformen mit ä, ö, ü kennenlernen

Einige Nomen verändern sich, wenn man sie
mit den Wortbausteinen **-chen** oder **-lein** verkleinert.

a wir ä: die Hand, das Händchen, das Händlein
o wird ö: die Tochter, das Töchterchen, das Töchterlein
u wird ü: der Bruder, das Brüderchen, das Brüderlein

1 Schreibe die Nomen mit **-chen** und **-lein** auf. Markiere **ä, ö, ü**.

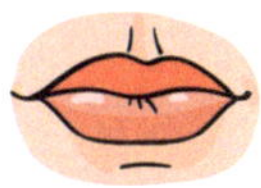	der Mund	das Mündchen, das Mündlein
	der Apfel	
	der Garten	
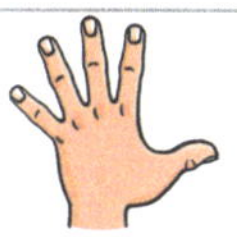	die Hand	
	der Vogel	
	der Kopf	
	der Hund	
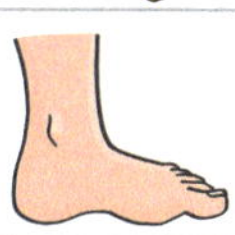	der Fuß	
	der Wald	
	der Hut	
	der Knopf	
	der Saft	

Personalformen von Verben kennenlernen

Bei manchen Verben ändert sich in einigen Personalformen der Wortstamm von **a** zu **ä**.

tragen – er trägt

1 Lies die Personalformen. Markiere den Wortstamm.

ich fange   du fängst   er/sie/es fängt   wir fangen   ihr fangt   sie fangen

2 Fülle die Tabelle aus. Markiere die Veränderung im Wortstamm.

ich	schlafe	brate	schlage
du	schläfst		
er/sie/es			
wir			
ihr			
sie			

ich	trage	wasche	halte
du			hältst
er/sie/es			
wir			
ihr			
sie			

Personalformen von Verben kennenlernen

1 Fülle die Tabelle aus. Markiere die Veränderung im Wortstamm.

ich	rate	grabe	schlage
du	rätst		
er/sie/es			
wir			
ihr			
sie			

2 Schreibe die richtige Personalform in den Satz.

vortragen	Inga trägt ein Gedicht vor.
ausgraben	Mein Hund ________ einen Knochen ________.
verraten	Fritz ________ mir Maylas Geheimnis.
vorschlagen	Mama ________ einen Kompromiss ________.
abwaschen	Du ________ heute das Geschirr ________.
aushalten	Opa ________ den Lärm nicht ________.
anfangen	Levi ________ mit den Hausaufgaben ________.
verschlafen	Mark ________ den ganzen Film.
anbraten	Micas Onkel ________ das Fleisch ________.
vertragen	Mila ________ sich wieder mit Jonas.
vergraben	Pauls Hund ________ seinen Lieblingsknochen.

Nomen kennenlernen: Mehrzahl mit äu

Einige Nomen verändern sich in der Mehrzahl.

au wird äu: eine Maus – viele Mäuse

1 Lies die Nomen. Markiere **äu**.

Bäume Bäuche Häuser Häute Kräuter Läuse
Mäuse Sträucher Zäune Räume Träume Schläuche

2 Schreibe die Nomen aus Aufgabe 1 in der Einzahl und Mehrzahl auf.
Markiere **äu**.

Mehrzahl	Einzahl
viele Bäume	ein Baum

Verben mit äu ableiten

Einige Verben werden mit **äu** geschrieben.
Sie haben ein verwandtes Wort mit **au** in der Wortfamilie.

träumen – der Traum

1 Verbinde die verwandten Wörter.

Traum	Schaum	sauber	Tausch	laut	Raum
schäumen	träumen	räumen	säubern	täuschen	läuten

2 Markiere die verwandten Wörter in der gleichen Farbe.

Schaum Raum schäumen Schaumbad aufräumen
einschäumen Räume Badeschaum ausräumen
räumen Nebenraum aufschäumen Räumerei Raumplan
du schäumst Schaumblase einräumen Vorraum

3 Schreibe die Wörter der Wortfamilien geordnet auf.

SCHAUM der Schaum, schäumen,

RAUM der Raum,

Verwandte Wörter finden und nutzen

Verwandte Wörter helfen, richtig zu schreiben:
Man schreibt **ä**, wenn es ein verwandtes Wort mit **a** gibt.
Man schreibt **äu**, wenn es ein verwandtes Wort mit **au** gibt.
Die Verwandten gehören zu einer Wortfamilie.

fangen – sie fängt, bauen – ein Gebäude

1 Markiere die verwandten Wörter in der gleichen Farbe.

bauen träumen Gebäude anbauen Traum verträumt
Träumerei Bauer Bäuerin du träumst Träume Bau

2 Schreibe die verwandten Wörter zusammen auf.

Hand obdachlos verhandeln zweihändig fangen Handlung Dach
Dächer handlich Hände einfangen du fängst bedacht Fänger
gefangen Gefängnis Dachdecker Dachrinne anfänglich Handschrift

HAND die Hand,

FANG

DACH

Diktat 6: Wörter ableiten

1 Lies die Texte auf Seite 68. Wähle einen Text aus und kreuze an.

◯ Text 1 ◯ Text 2 ◯ Text 3

2 Lass dir den Text diktieren.
Übe mit einem Partnerkind oder nutze den QR-Code.

3 Kontrolliere deinen Text mit der Vorlage auf Seite 68.
Notiere deine Fehlerwörter.

So zufrieden bin ich:

Diktat 6: Texte

Text 1
Im Herbst
Ich träume vom Herbst.
Die Bäume tragen bunte Blätter.
Die Körbe sind voll mit Früchten.
Es wird kälter.
An den Bäumen hängen viele Äpfel.
Unter den Büschen leben Mäuse.
Sie finden Körner von Gräsern.

Text 2
Im Herbst
Ich träume vom schönen Herbst.
Die Bäume tragen wieder bunte Blätter.
Die Körbe sind voll mit vielen Früchten.
Es wird jeden Tag etwas kälter.
An den Bäumen hängen viele Äpfel.
Unter den Büschen leben Mäuse.
Sie finden Körner unter den Gräsern.

Text 3
Im Herbst
Ich träume vom goldenen Herbst.
Die Bäume und Sträucher tragen wieder bunte Blätter.
Die Körbe und Säcke sind voll mit Früchten und Gemüse.
Es wird jeden Tag etwas kälter.
In den Gärten hängen viele Äpfel, Birnen
und Pflaumen an den Bäumen.
Bei den Zäunen und unter den Büschen leben kleine Mäuse.
Sie finden Körner und Samen von Gräsern.
Eine Maus trägt Körner in eines der vielen Löcher.

Du willst noch mehr üben?
Hier findest du weitere Diktattexte:

Wörter mit V/v üben

Wörter mit **V/v** sind Merkwörter.

Vogel, Vase

1 Lies die Wörter. Markiere **V/v**.

Vater viel viele Vogel vier voll

vom von vor Vulkan Vase Vampir

November Verkehr Versuch versuchen

2 Schreibe die Wörter aus Aufgabe 1 ab. Markiere **V/v**.

3 Achtung Fehler! Schreibe das Fehlerwort dreimal richtig auf.

Der Wulkan bricht aus. Vulkan, Vulkan, Vulkan

Im Nowember ist es kalt. ______

Ein Fogel pickt Körner. ______

Mein Fater ist krank. ______

Ich habe fiele Freunde. ______

Das Heft ist foll. ______

Der Wampir schläft. ______

Nina wird fier Jahre alt. ______

Fiele Kinder mögen Eis. ______

Wörter mit V/v üben

Das **V/v** wird entweder wie **f** oder wie **w** gesprochen.

Vater, Vase

1 Male grün an: **V/v** wird wie **f** gesprochen.
Male gelb an: **V/v** wird wie **w** gesprochen.

Vater	von	voll	Versuch	viele
Vampir	vor	Vulkan	vier	Vogel
November	viel	Verkehr	Vase	versuchen

2 Schreibe die Wörter aus Aufgabe 1 geordnet auf.

V/v wird wie F/f gesprochen	V/v wird wie W/w gesprochen

3 Wähle drei Wörter mit **V/v** aus. Schreibe sie dreimal.

Wörter mit X/x üben

Wörter mit **X/x** sind Merkwörter.

Xylofon, Mixer

1 Lies die Wörter. Markiere **X/x**.

boxen Hexe Lexikon mixen Text hexen

Mixer Nixe Axt Taxi Boxer Xylofon

2 Schreibe die Wörter. Markiere **X/x**.

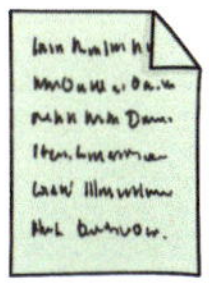	Text

3 Schreibe in der Ich-, Du- und Er-Form. Markiere **x**.

boxen	ich boxe, du boxt, er
mixen	
hexen	

Wörter mit X/x üben

1 Schreibe die Nomen in der Mehrzahl auf.

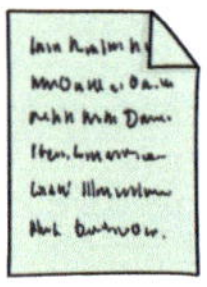	viele Texte

	viele Lexika

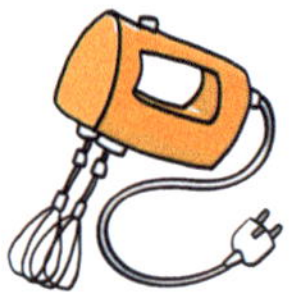	

Die Mehrzahl von Lexikon muss man sich merken.

2 Ergänze in den Sätzen Wörter mit **x**.

Lea ______________ sich mit dem ______________ einen Fruchtsaft.

Der ______________ nimmt am Bahnhof eine ______________.

Marc schreibt einen ______________ über ein ______________.

Eine ______________ heißt auch Meerjungfrau.

Papa spaltet Holz mit seiner ______________.

Im ______________ suche ich Informationen.

Im Hexenhaus ______________ die ______________ einen Hexentrank.

Du spielst auf dem ______________.

Wörter mit **Y/y** sind Merkwörter.

Ypsilon, Pony

1 Lies die Wörter. Markiere **Y/y**.

Baby Teddy Handy Pony Ypsilon Xylofon

2 Ergänze in den Sätzen Wörter mit **Y/y**. Markiere **Y/y**.

Das  Baby ________ schreit. Es hat Hunger.

Ich nehme den  ________ mit ins Bett.

Mamas  ________ klingelt in der Tasche.

Ich striegele das  ________.

Das  ________ ist der vorletzte Buchstabe im Abc.

Ich kann ein Lied auf dem  ________ spielen.

3 Schreibe jedes Wort mit Y/y zweimal.

Baby	Teddy	Handy

Pony	Ypsilon	Xylofon

Häufigkeitswörter üben

Häufigkeitswörter sind meistens kurz
und kommen häufig in allen Texten vor.
Man muss sich ihre Schreibweise **merken**.

1 Lies die Wörter. Markiere schwierige Stellen.

ab am an auf aus bald bin bei
dann denn der die dies dort durch
ein einmal eins er es für hat hier
im in ist mit nie nur sie sind
und viel vom von vor war wenig wie

2 Schreibe die Wörter geordnet auf.

7 Wörter mit ie	
9 Wörter mit r	
4 Wörter mit v	viel,
3 Wörter mit d am Ende	
1 Wort mit g am Ende	
1 Wort mit b am Ende	ab
2 Wörter mit Doppelkonsonanten	
2 Wörter mit au	
3 Wörter mit ei	

Häufigkeitswörter üben

1 Markiere die Häufigkeitswörter im Text.

Es wird bald dunkel. Auf der Straße gehen die Laternen an.
Dies ist unser Zeichen. Wir müssen nach Hause gehen. Es war sehr schön auf dem Spielplatz. Hier wird es nie langweilig. Wir haben gebuddelt, sind geklettert, haben geschaukelt und gewippt. Nur einmal hat uns ein größerer Junge geärgert. Eine Frau hat das gesehen.
Sie hat uns geholfen. Vom Klettergerüst aus, kann ich den Fluss sehen.
Es fahren dort eine Menge Schiffe. Nina hat die Haarspange im Sand verloren. Auf einmal war sie weg. Morgen finden wir sie bestimmt wieder. Für morgen haben wir uns schon verabredet.
Wir treffen uns dort am Nachmittag.

2 Kennst du noch weitere Häufigkeitswörter? Schreibe sie auf.

3 Setze passend ein: **den** oder **denn**.

Hast du ________ Schirm gesehen? ________ habe ich wohl verloren.

Ich esse ________ Kuchen, ________ ich habe großen Hunger.

Kennst du ________ Jungen? ________ habe ich hier schon öfter gesehen, ________ er ist nebenan eingezogen.

Ich kann ________ Sack nicht tragen, ________ er ist zu schwer.

Hast du ________ keinen Hunger? Ich habe extra ________ Tisch gedeckt, damit wir zusammen essen.

Häufigkeitswörter üben

1 Setze die Wörter passend in die Sätze ein.

nie er ist
Wenn ich anrufe, ______ ______ ______ zu Hause.

wenig an der
______ ______ Kasse war heute ______ los.

bin bei bald
Ich ______ ______ ______ meinen Großeltern.

vom einmal auf
______ ______ fiel etwas ______ Dach.

es wie im war
______ ______ ______ ______ Schwimmbad?

im durch den
Ich gehe ______ Herbst gern ______ ______ Wald.

bei hier es ist
______ ______ euch ______ ______ sehr schön.

hat sie viel vor
______ ______ heute Nachmittag ______ ______.

Häufigkeitswörter üben

1 Schreibe jedes Wort mehrmals in verschiedenen Farben.
Markiere die schwierige Stelle.

ab	ab ab ab ab
bald	
und	
sind	
nie	
wie	
viel	
vom	
von	
vor	
denn	
dann	

2 Schreibe mit den Wörtern aus Aufgabe 1 Sätze.

Häufigkeitswörter üben

1 Sortiere die Häufigkeitswörter von Seite 74 nach dem Abc.

Wörter mit	
a	
b	
d	
e	
f	
h	
m	
n	
s	
u	
v	
w	

2 Kennst du noch weitere Häufigkeitswörter?
Schreibe sie in die Tabelle.

3 Schreibe Sätze mit möglichst vielen Häufigkeitswörtern.

Diktat 7: Wörter merken

1 Lies die Texte auf Seite 80. Wähle einen Text aus und kreuze an.

◯ Text 1 ◯ Text 2 ◯ Text 3

2 Lass dir den Text diktieren.
Übe mit einem Partnerkind oder nutze den QR-Code.

3 Kontrolliere deinen Text mit der Vorlage auf Seite 80.
Notiere deine Fehlerwörter.

So zufrieden bin ich:

Diktat 7: Texte

Text 1
Auf dem Spielplatz
Es wird bald dunkel. Auf der Straße sind die Laternen an.
Dies ist unser Zeichen. Wir müssen nach Hause.
Es war schön auf dem Spielplatz.
Hier wird es nie langweilig.
Nur einmal hat uns ein Junge geärgert.
Eine Frau mit einem Baby hat das gesehen.
Sie hat uns geholfen.

Text 2
Auf dem Spielplatz
Es wird bald dunkel. Auf der Straße sind die Laternen an.
Dies ist unser Zeichen. Wir müssen nach Hause.
Es war schön auf dem Spielplatz. Hier wird es nie langweilig.
Nur einmal hat uns ein Junge geärgert.
Eine Frau mit einem Baby hat das gesehen.
Sie hat uns geholfen. Dann hat sie das Handy verloren.
Auf einmal war es weg. Wir haben es gesucht.
Nina hat es gefunden.
Die Frau hat uns Geld für ein Eis gegeben.

Text 3
Auf dem Spielplatz
Es wird bald dunkel. Auf der Straße sind schon die Laternen an.
Dies ist unser Zeichen. Wir müssen nach Hause gehen.
Es war schön auf dem Spielplatz. Hier wird es uns nie langweilig.
Nur einmal hat uns ein Junge geärgert.
Eine Frau mit einem Baby hat das gesehen.
Sie hat uns geholfen. Dann hat sie das Handy verloren.
Auf einmal war es weg. Wir haben es gesucht.
Nina hat es im Sand gefunden.
Die Frau hat uns Geld für ein Eis gegeben.
Morgen spielen wir wieder dort.

Du willst noch mehr üben?
Hier findest du weitere Diktattexte: